BEGE-RDC

Guide pratique de prévention

PLAN DE PREPARATION AU RISQUE DE TREMBLEMENT DE TERRE (SEISME)

Plan de Préparation au risque de tremblement de terre (séisme)

Publié en Juin 2021 par le Bureau d'Etude Géologique et Environnementale en RDC (BEGE-RDC) dans le cadre de son Programme de Sensibilisation sur les Risques Naturels en RDC (PSRN-RDC)

AVERTISSEMENT: le contenu de ce document n'engage pas les partenaires du BEGE-RDC ni les organisations dont il est membre

EDITEUR: Indépendant

EDITION: Juin 2021

PSRN-RDC: Le Programme de Sensibilisation sur les Risques Naturels en RDC est une initiative du BEGE-RDC visant à contribuer au développement de la culture du risque afin de réduire la vulnérabilité de la population face aux risques majeurs en RDC

BEGE-RDC: Le Bureau d'Etude Géologique et Environnementale en RDC (Environmental and Geological Consulting Office in DRC) est une organisation non gouvernementale, membre de la SDSN-Youth (UN Sustainable Development Solution Network Youth Initiative), ayant pour mission de contribuer à la gestion rationnelle des ressources naturelles et la protection de l'environnement en République Démocratique du Congo.

COUVERTURE ET ILUSTRATIONS: © BEGE-RDC

Téléchargement sur www.bege-rdc.e-monsite.com
Vous pouvez vous procurer de la version imprimée de ce guide sur Amazon et auprès d'autres vendeurs en ligne, ainsi que dans certaines librairies
CONTACT: bege.rdc@hotmail.com

SOMMAIRE

1

Les concepts du risque

ALEAS

Probabilité d'occurrence d'un phénomène (un évènement potentiellement dangereux)

ENJEUX

Un événement potentiellement dangereux, l'aléa n'est un risque que s'il s'applique à une zone où des enjeux humains, économiques ou environnementaux sont en présence (vulnérabilité).

RISQUE

Le risque est le produit de l'aléa par la vulnérabilité

TREMBLEMENT DE TERRE

Les séismes ou tremblements de terre sont des vibrations du sol dues à une fracturation des roches, en profondeur, le long d'une faille généralement préexistante. Ils provoquant des dégâts et des déformations du terrain en fonction de leurs intensités et de leurs localisations.

séisme

Comprendre le séisme

Les séismes sont provoqués par une accumulation d'énergie dans les roches pendant de longues durées.

Quand la limite d'élasticité des roches est dépassée, elles cassent au niveau du foyer.

L'énergie accumulée dans les roches est dissipée sous forme d'ondes sismiques dans toutes les directions.

Elles s'atténuent avec la distance parcourue.

L'amplitude des ondes est maximale à la verticale du foyer : c'est l'épicentre.

MAGNITUDE ET INTENSITE

Comment mesure t-on un séisme?

Deux méthodes permettent de mesurer les tremblements de terre. La première est employée pour la mesure de la taille ou "Magnitude" du séisme, et la seconde pour mesurer l'effet ou "Intensité" du séisme.

La Magnitude est une mesure de l'amplitude des ondes sismiques; elle ne dépend ni du lieu ni du temps. La magnitude est proportionnelle à l'énergie libérée.

L'Intensité est une mesure des effets que le tremblement de terre a causé sur les structures naturelles et construites par l'homme, qui dépend de plusieurs paramètres comme le sol, l'état de la construction, la topographie, etc.

Plus la magnitude est grande, plus l'énergie se propage plus loin et plus est grande la zone affectée.

Chaque tremblement de terre a une seule magnitude et une gamme d'intensités.

ECHELLE DE MAGNITUDE DE RICHTER

Magnitude	Impact du séisme
1.0 – 3.0	Généralement non ressenti mais enregistré
3.1 – 4.0	Souvent ressenti, mais seulement dommages mineurs
4.1 – 6.0	Légers dommages aux constructions
6.1 – 6.9	Peut-être destructif dans les zones habitées par des populations
7.0 – 7.9	Séisme majeur. Cause des dommages importants.
8.0 ou supérieur	Séisme très fort. Destruction totale près des communautés

ECHELLE MODIFIEE D'INTENSITE DE MERCALI (MMI)

Intensité	Description du séisme
I	Détecté seulement par les instruments
II	Peut-être ressenti seulement par des personnes allongées
III	Ressenti par les gens sur les planchers supérieurs des bâtiments, mais peuvent ne pas savoir que c'est un tremblement de terre.
IV	Les gens à l'intérieur le sentiront probablement, mais ceux à l'extérieur pourront ne pas le ressentir.
V	Presque chacun le ressent et les réveille s'ils dorment.
VI	Chacun le resent. Il est difficile de marcher.
VII	Il est difficile de se tenir debout.
VIII	Les gens ne pourront pas conduire des voitures. Les bâtiments mal construits peuvent s'effondrer ; les cheminées peuvent tomber.
IX	La plupart des fondations sont endommagées. Apparition des fissures à la surface de la terre.
X	La plupart des bâtiments sont détruits. L'eau est jetée hors des rivières et des lacs.
XI	Des rails de chemins de fer sont courbés. Des ponts et des canalisations souterraines sont mis hors de service.
XII	La plupart des choses sont nivelées. De grands objets peuvent être jetés dans l'air.

2

Avant un séisme

Avant un séisme

Lorsque vous êtes à domicile

Etre prévoyant,

Ne pas poser d'objets lourds sur les étagères,

Reliez les objets comme le poste téléviseur, les armoires,… au mur par des solides attaches afin d'éviter des mouvements de renversement,

Conservation des emballages et bouteilles contenant des produits inflammables (alcool, essence, gaz,…) ou produits dangereux (acides, insecticides, décapants,…) ou nécessaires en cas de blessures (désinfectants) qui doivent être rangés de manière à ne pas subir de renversement, glissement ou tomber par terre,

On peut aussi fixer un point de regroupement, pour le cas où un ou plusieurs membres de la famille seraient éloignés (par exemple au travail,…)

Avant un séisme

<table>
<tr><td>Lorsque vous êtes au lieu de travail, à l'école, à l'atelier</td><td>Se conformer aux instructions qui ont été donné dans le cas de ce genre des risques parmi lesquels ceux cités ci-haut,</td></tr>
<tr><td></td><td>Lors d'exercice de travail en cas de tremblement de terre prendre conscience de le remplir régulièrement.</td></tr>
</table>

3

Pendant un séisme

Pendant un séisme

<table>
<tr>
<td valign="top">Lorsque vous êtes à l'intérieur</td>
<td>

Lorsque vous ressentez un tremblement de terre, placez-vous sous un bureau ou une table solide. Éloignez-vous des fenêtres, des bibliothèques, des classeurs, des miroirs lourds, des plantes suspendues et de tout autre objet lourd susceptible de tomber.

Attention aux chutes de plâtre et de dalles de plafond. Restez sous couverture jusqu'à la fin des secousses et maintenez votre couverture. Si ça bouge, bouge avec.

DROP au sol; prenez COVER en passant sous une table solide ou un autre meuble; et maintenez-le enfoncé jusqu'à ce que l'agitation cesse.

S'il n'y a pas de table ou de bureau près de vous, couvrez-vous le visage et la tête avec vos bras et accroupissez-vous dans un coin intérieur du bâtiment.

Éloignez-vous des vitres, des fenêtres, des portes et des murs extérieurs et de tout ce qui pourrait tomber, tels que les appareils d'éclairage ou les meubles.

Si vous êtes au lit lorsque le séisme frappe, tenez bon et protégez votre tête avec un oreiller, à moins que vous ne vous trouviez sous une lampe lourde qui pourrait tomber.

Dans ce cas, déplacez-vous vers le lieu sûr le plus proche.

N'utilisez un portail comme abri que s'il se trouve à proximité de vous et si vous savez qu'il s'agit d'un portail fortement soutenu et porteur.

</td>
</tr>
</table>

Pendant un séisme

Lorsque vous êtes à l'intérieur

Restez à l'intérieur jusqu'à ce que les secousses cessent et qu'il soit sécuritaire de sortir.

Des recherches ont montré que la plupart des blessures surviennent lorsque des personnes à l'intérieur d'un bâtiment tentent de se déplacer ou tentent de partir.

Sachez que l'électricité peut être coupée ou que les systèmes de gicleurs ou les alarmes incendie peuvent s'allumer.

N'utilisez pas les ascenseurs.

Si vous êtes dans un immeuble de grande hauteur, et non à proximité d'un bureau ou d'une table, déplacez-vous contre un mur intérieur et protégez votre tête avec vos bras.

Restez à l'intérieur. Les fenêtres en verre peuvent déloger pendant le séisme et naviguer sur des centaines de pieds.

Pendant un séisme

<table>
<tr><td>Lorsque vous êtes à l'intérieur</td><td>Restez à l'intérieur. Les fenêtres en verre peuvent déloger pendant le séisme et naviguer sur des centaines de pieds.</td></tr>
</table>

Si vous vous trouvez dans un magasin fréquenté ou dans un autre lieu public, ne vous précipitez pas pour les sorties. Éloignez-vous des présentoirs contenant des objets susceptibles de tomber.

Si vous êtes en fauteuil roulant, restez dedans. Déplacez-vous pour couvrir, si possible, verrouillez vos roues et protégez votre tête avec vos bras.

Si vous êtes dans la CUISINE, éloignez-vous du réfrigérateur, de la cuisinière et des placards suspendus.

(Prenez le temps MAINTENANT d'ancrer les appareils et installez des loquets de sécurité sur les portes des placards pour réduire les risques.)

Si vous êtes dans un stade ou un théâtre, restez assis et protégez votre tête avec vos bras.

N'essayez pas de partir avant la fin des secousses, puis partez de manière calme et ordonnée. Évitez de vous précipiter vers les sorties.

Pendant un séisme

<table>
<tr><td>Si vous êtes à l'extérieur</td><td>Si on se trouve à l'extérieur, s'éloigner rapidement des bâtiments, des arbres, des enseignes, des fils électriques et des poteaux en attendant la fin des secousses.</td></tr>
</table>

Ne pas circulez entre les bâtiments : le plus grand danger résulte de la chute des débris aux abords des constructions.

Une fois à l'air libre, restez-y jusqu'à ce que les secousses cessent. Le plus grand danger existe directement à l'extérieur des bâtiments, à la sortie et le long des murs extérieurs.

Si vous vous trouvez sur un trottoir près des bâtiments, dirigez-vous vers une porte pour vous protéger des chutes de briques, de verre, de plâtre et autres débris.

Pendant un séisme

**Si vous
conduisez
une voiture**

Si vous conduisez, rangez-vous sur le bord de la route et
arrêtez-vous.

Évitez les passages supérieurs, les lignes électriques et autres
dangers.

Restez à l'intérieur du véhicule jusqu'à ce que le tremblement
soit terminé.

Arrêtez-vous aussi vite que la sécurité le permet et restez
dans le véhicule.

Évitez de vous arrêter près ou sous des bâtiments, des arbres,
des viaducs et des câbles électriques.

Continuez avec prudence une fois le séisme arrêté.

Évitez les routes, les ponts ou les rampes qui pourraient avoir
été endommagés par le séisme.

4

Après un séisme

Après un séisme

<table>
<tr>
<td>Lorsque vous êtes à l'intérieur d' un immeuble</td>
<td>Coupure d'eau, gaz et électricité : vérifier si aucune de ses sources d'énergie n'a été endommagée, en cas de dégâts avertir le service compétent,</td>
</tr>
<tr>
<td></td>
<td>Allumez la radio pour écouter les éventuelles instructions,</td>
</tr>
<tr>
<td></td>
<td>Ne pas téléphoner sauf en cas de demande d'un secours,</td>
</tr>
<tr>
<td></td>
<td>Ne pas utiliser les toilettes si les canalisations sont bouchées, mais aussi on peut jeter un coup d'œil chez les voisins pour vérifier s'ils ont besoin d'aide ou de secours et faire le nécessaire</td>
</tr>
</table>

Après un séisme

Lorsque vous êtes à l'extérieur

Ne pas circuler rien que pour satisfaire sa curiosité, mais uniquement au cas où l'on serait inquiet pour les personnes les plus affectées,

Si sa famille est à l'abri, aider les voisins : un meilleur de se libérer du choc psychologique et de se rendre utile dans la société

Un tremblement de terre important est parfois suivi d'autres répliques de secousses généralement moins importantes.

Dans ces conditions ne pas s'approcher des bâtiments endommagés,

S'éloigner du bord de mer : un tremblement de terre peut se produire même après que les secousses aient cessé.

5

Fiches thématiques pour élaborer un plan

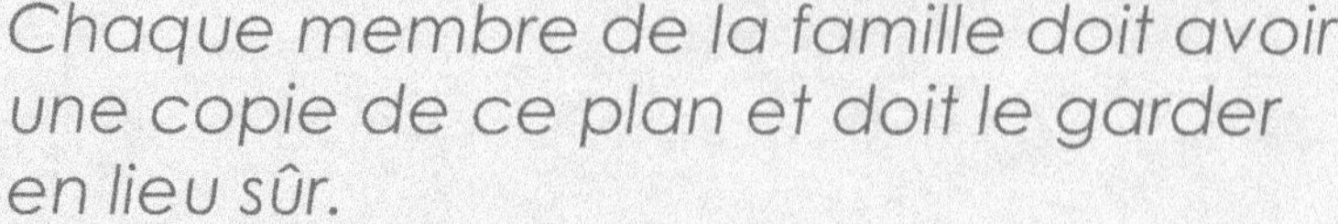

PLAN FAMILIAL

Nom de la personne à contacter en cas d'urgence	
Numéro de téléphone	
Adresse	
Place de rassemblement dans le voisinage	
Numéro de téléphone	
Adresse	
Lieu d'évacuation	
Numéro de téléphone	
Adresse	
Contact en dehors de la ville	
Numéro de téléphone	
Adresse	

Autres informations utiles

PLAN DE COMMUNICATION POUR LES ENFANTS

Adresse	
Parent	
Téléphone	
Voisin	
Adresse	
Téléphone	
Adresse	
Parent	
Téléphone	
Voisin	
Adresse	
Téléphone	

Adresse	
Parent	
Téléphone	
Voisin	
Adresse	
Téléphone	

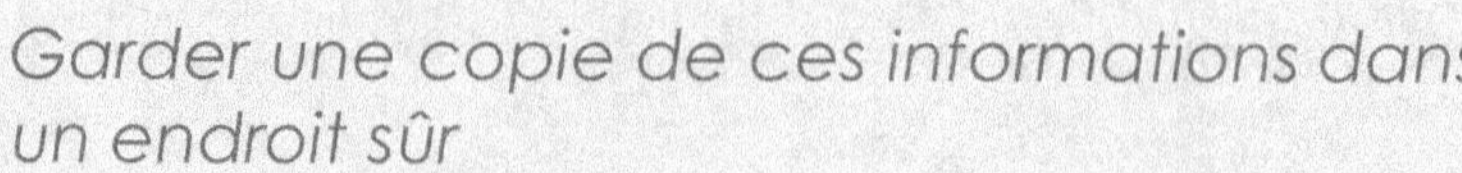

PLAN DE COMMUNICATION POUR LES ENFANTS

Adresse	
Parent	
Téléphone	
Voisin	
Adresse	
Téléphone	

Adresse	
Parent	
Téléphone	
Voisin	
Adresse	
Téléphone	

Adresse	
Parent	
Téléphone	
Voisin	
Adresse	
Téléphone	

INFORMATION SUR LES MEMBRES DE LA FAMILLE

Noms	
Numéros de sécurité sociale	
Date de naissance	
Numéros de téléphone	
Adresse du lieu de travail/école	
Lieu d'évacuation	
Information médicale importante	

Noms	
Numéros de sécurité sociale	
Date de naissance	
Numéros de téléphone	
Adresse du lieu de travail/école	
Lieu d'évacuation	
Information médicale importante	

Noms	
Numéros de sécurité sociale	
Date de naissance	
Numéros de téléphone	
Adresse du lieu de travail/école	
Lieu d'évacuation	
Information médicale importante	

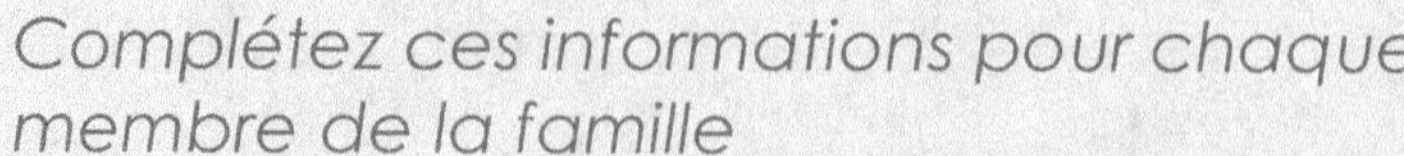

INFORMATION SUR LES MEMBRES DE LA FAMILLE

Noms	
Numéros de sécurité sociale	
Date de naissance	
Numéros de téléphone	
Adresse du lieu de travail/école	
Lieu d'évacuation	
Information médicale importante	

Noms	
Numéros de sécurité sociale	
Date de naissance	
Numéros de téléphone	
Adresse du lieu de travail/école	
Lieu d'évacuation	
Information médicale importante	

Noms	
Numéros de sécurité sociale	
Date de naissance	
Numéros de téléphone	
Adresse du lieu de travail/école	
Lieu d'évacuation	
Information médicale importante	

Complétez ces informations pour chaque membre de la famille

INFORMATION SUR LES MEMBRES DE LA FAMILLE

Noms	
Numéros de sécurité sociale	
Date de naissance	
Numéros de téléphone	
Adresse du lieu de travail/école	
Lieu d'évacuation	
Information médicale importante	

Noms	
Numéros de sécurité sociale	
Date de naissance	
Numéros de téléphone	
Adresse du lieu de travail/école	
Lieu d'évacuation	
Information médicale importante	

Noms	
Numéros de sécurité sociale	
Date de naissance	
Numéros de téléphone	
Adresse du lieu de travail/école	
Lieu d'évacuation	
Information médicale importante	

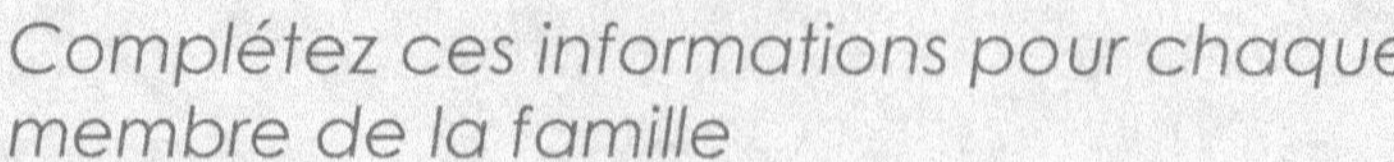

INFORMATION SUR LES MEMBRES DE LA FAMILLE

Noms	
Numéros de sécurité sociale	
Date de naissance	
Numéros de téléphone	
Adresse du lieu de travail/école	
Lieu d'évacuation	
Information médicale importante	

Noms	
Numéros de sécurité sociale	
Date de naissance	
Numéros de téléphone	
Adresse du lieu de travail/école	
Lieu d'évacuation	
Information médicale importante	

Noms	
Numéros de sécurité sociale	
Date de naissance	
Numéros de téléphone	
Adresse du lieu de travail/école	
Lieu d'évacuation	
Information médicale importante	

INFORMATIONS SUR L'ECOLE

Ecole	
Adresse	
Téléphone	
Facebook	
Twiter	
Lieu d'évacuation	

Ecole	
Adresse	
Téléphone	
Facebook	
Twiter	
Lieu d'évacuation	

Ecole	
Adresse	
Téléphone	
Facebook	
Twiter	
Lieu d'évacuation	

Ecole	
Adresse	
Téléphone	
Facebook	
Twiter	
Lieu d'évacuation	

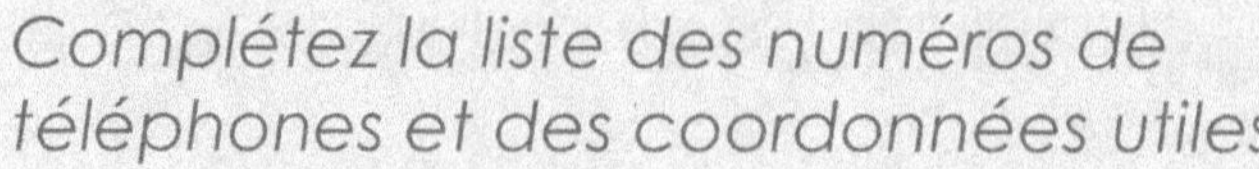

LES COORDONNEES UTILES

LES NUMEROS D'URGENCE	
SAPEURS POMPIERS :	
SAMU :	
POLICE ou GENDARMERIE :	
N° unique d'appel d'urgence :	
LES COORDONNEES UTILES	
MAIRIE :	
Relais de quartier :	
Service des Eaux :	
Assurance :	
Personnes et points familiaux de contacts:	
Médecin traitant :	
École(s) /Collèges/Lycée des enfants:	
Hôpital / Clinique :	
Autres numéros utiles :	
LES RADIOS A ECOUTER	Fréquences

CONTACT MÉDICAL ET INFORMATIONS SUR L'ASSURANCE

Docteur	
Adresse	
Téléphone	
Docteur	
Adresse	
Téléphone	

Pharmacien	
Adresse	
Téléphone	
Pharmacien	
Adresse	
Téléphone	

Vétérinaire	
Adresse	
Téléphone	
Vétérinaire	
Adresse	
Téléphone	

Assurance médical	
Téléphone	
N°	
Assurance de l'habitation	
Téléphone	
N°	

LES SERVICES UTILES

Sapeur-pompier	
Nom	
N° unique d'appel d'urgence :	
N° d'appel (bureau)	

Service Médical d'urgence	
Nom	
N° unique d'appel d'urgence :	
N° d'appel (bureau)	

HOPITAL	
Nom	
N° unique d'appel d'urgence :	
N° d'appel (bureau)	

Division de santé	
Nom	
N° unique d'appel d'urgence :	
N° d'appel (bureau)	

Sécurité civile	
Nom	
N° unique d'appel d'urgence :	
N° d'appel (bureau)	

Complétez la liste des numéros de téléphones et des coordonnées utiles

LES SERVICES UTILES

Division de l'environnement	
Nom	
N° unique d'appel d'urgence :	
N° d'appel (bureau)	

Electricien	
Nom	
N° unique d'appel d'urgence :	
N° d'appel (bureau)	

Plombier	
Nom	
N° unique d'appel d'urgence :	
N° d'appel (bureau)	

Service de nettoyage	
Nom	
N° unique d'appel d'urgence :	
N° d'appel (bureau)	

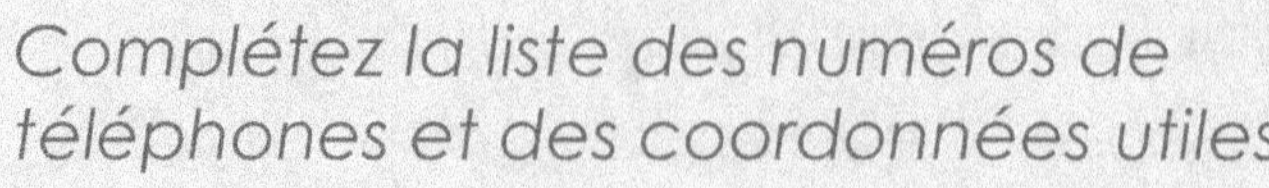

MISE EN SECURITE DE L'HABITATION : EAU

Emplacement du robinet d'arrivée principal:	
Consignes d'arrêt :	
N° de téléphone des services de l'eau:	
(Photo/Croquis du robinet avec sens de fermeture...)	
Lieu de rangement de notre sac d'urgence :	

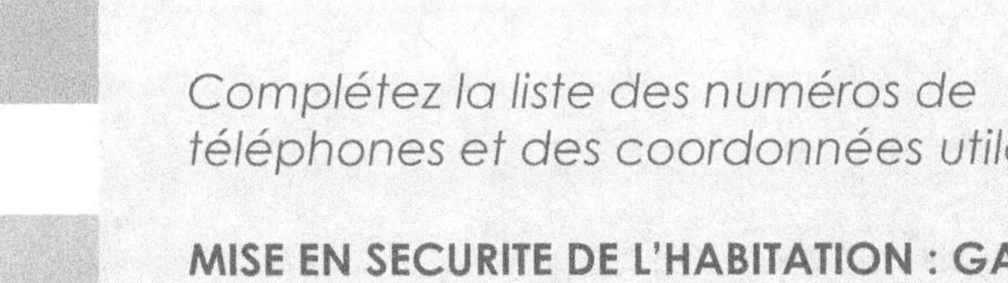

Emplacement du robinet d'arrivée principal:	
Consignes d'arrêt :	
N° de téléphone d'urgence Gaz:	
(Photo/Croquis du robinet avec sens de fermeture...)	
Lieu de rangement de notre sac d'urgence :	

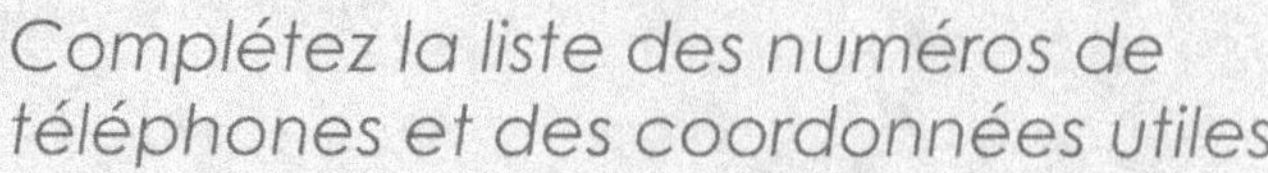

MISE EN SECURITE DE L'HABITATION : ELECTRICITE

Emplacement du disjoncteur:	
Consignes d'arrêt :	
N° de téléphone d'urgence électricité:	
(Photo/Croquis du robinet avec sens de fermeture...)	
Lieu de rangement de notre sac d'urgence :	

MISE A L'ABRIT

Face au (x) risque (s)	Lieu de mise à l'abri choisi	Les actions à réaliser avant de rejoindre le lieu choisi

EVACUATION

Face au(x) RISQUE(S)	Lieux d'évacuation	Les actions à réaliser avant de quitter mon domicile.
Itinéraire à emprunter :		
Itinéraire à emprunter :		
Itinéraire à emprunter :		
Itinéraire à emprunter :		

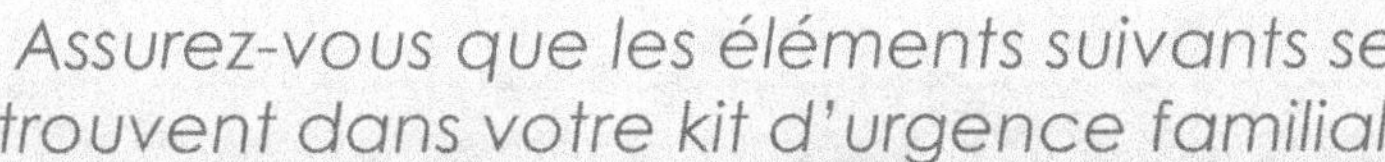

CHECK LISTE POUR LA CONSTITUTION D'UN KIT D'URGENCE

- [ ] Eau : 6 litres d'eau par personne
- [ ] Nourriture, au moins une provision de trois jours de nourriture non périssable consommant peu d'eau et n'ayant pas besoin d'être cuits (Exemples : conserves, fruits secs, barres énergétiques,
- [ ] petits pots pour bébé...).
- [ ] Batterie chargeable pour le poste radio
- [ ] Lampe torche et piles supplémentaire
- [ ] Un kit médical de premier secours
- [ ] Un sifflet pour signaler en cas de besoin d'aide
- [ ] Papier hygiénique et produits d'hygiène personnelle pour toute la famille
- [ ] Cache nez ou masque en coton
- [ ] Gilet réflecteur
- [ ] Couverture et sac de couchage
- [ ] Vêtements et chaussures de rechanges
- [ ] Lunette de protection
- [ ] Des ustensiles de base: couteau de poche multifonction, ustensiles de camping, bougies avec allumettes ou briquet..
- [ ] Une radio
- [ ] Les médicaments spécifiques
- [ ] Un téléphone portable avec une batterie chargée
- [ ] Un Chéquier ou carte bancaire
- [ ] Désinfectant
- [ ] Une tente
- [ ] Des copies des documents familiaux importants

Les séismes ou tremblements de terre provoquant des dégâts et des déformations du terrain en fonction de leurs intensités et de leurs localisations. Pour ne pas être pris au dépourvu, lors qu'il y a occurrence de séisme, il est essentiel d'avoir des connaissances spécifiques sur les consignes à respecter avant, pendant et après ce risque, de développer un plan de sûreté, de préparer un kit d'urgence et de mettre en application votre plan.

Ce guide comprend:

•Les concepts généraux pour mieux comprendre les risques liés au séisme

•Les consignes à respecter avant, pendant et après un séisme

•Des fiches thématiques à compléter pour mieux élaborer votre Plan Familial de Mise en Sûreté (PFMS)

•Un check liste des éléments à mettre dans le kit d'urgence

Ce guide a été conçu afin de faciliter la préparation au risque de séisme.

BEGE-RDC